"ESTUDIANTES VENEZOLANOS, HÉROES DE LA HISTORIA"

GERARDO PERERA RONDÓN

Estados Unidos

2018

Título Original:
Estudiantes Venezolanos, Héroes de la Historia.
Autor: Gerardo Jesús Perera Rondón
Copyright ©2018 Por Gerardo Jesús Perera Rondón
Primera Edición
ISBN-13: 978-1729548035
ISBN-10: 1729548032

A cada joven, estudiante o no, que desde sus sueños de amor y libertad, con su lucha han brindado lo mejor de sí, en pos del bien colectivo, entregando con coraje, su entusiasmo, su fortaleza, su fe y muchos sus vidas por la defensa de la libertad en mi amado país Venezuela; hoy, muchos de ellos ya no están entre nosotros, más vivirán por siempre en los corazones y la mente de cada venezolano que mire la historia y su gesta por detener la opresión.

Por los millones, que con su decisión de sobrevivir aún hoy continúan la lucha

Por las familias, separadas, adoloridas, que sienten sus vidas incompletas por la ausencia de esos que tanto aman y han amado

Por todos los valientes que hoy huyen de nuestra amada tierra, contando solo con sus pies para llegar a nuevas posibilidades

ÍNDICE GENERAL   p.

LISTA DE GRÁFICOS

INTRODUCCIÓN

En el país que me vio nacer, hace ya dieciocho años, hoy y desde hace muchos tiempo, ya más de veinte años, se libra una fuerte y cruenta batalla por la libertad, porque se instaure el régimen del amor, la justicia, la igualdad, el respeto a todos y cada uno de los derechos que tenemos como seremos humanos. Por compromisos laborales de mis padres partimos de Venezuela hace más de una década; así, hoy me cobija otro cielo, otro hogar, más nuestros corazones, nuestras intenciones y nuestros haceres nunca se han desapartado del genuino interés por servir, por sensibilizar, por ayudar, por mostrar al mundo al menos un poco de lo que viven nuestros hermanos compatriotas, los que aún viven allá y los millones que han emprendido su dolorosa partida.

Mediante este sencillo libro he deseado transmitir y mostrar esa realidad; la única vía para lograr la empatía que facilite la aceptación y el acompañamiento de otros hacia los que sufren, es saber, conocer, que está realmente sucediendo y que sienten lo que lo viven a diario. El escrito que he realizado se ha basado en entrevistas y conversaciones con familiares, amigos y con estudio a conciencia sobre la historia contemporánea de mi país ya escrita y la que se sigue construyendo.

Martin Luther King usó una célebre frase que reúne en mucho mi sentir:

" Nuestra generación no se lamentará tanto de los crímenes de los perversos, como del estremecedor silencio de los bondadosos". Oigamos, gritemos… basta!!…Venezuela libre!!!

CAPITULO I

PREVIOS A LA PROTESTAS DE ABRIL 2017

¿QUÉ SUCEDÍA EN EL PAÍS?

Las protestas que se desarrollaron entre abril y julio con parte de agosto del 2017 no iniciaron casualmente y al azar, el pueblo venezolano había transitado un tortuoso camino en el que por muchos años, al menos casi 20 se les había ido progresivamente despojando de sus más elementales derechos; sus vidas habían perdido calidad, la gran mayoría estaba viviendo solo para sobrevivir y la carga ya era demasiada pesada, parecía que diariamente se pasaba de una mala noticia a una peor o más grave aún, todo ello, unido a algunos factores que comentaré a continuación, hacían urgente tomar acciones, tratar de corregir, dar un golpe de timón.

Así el clima que envolvía a país para esos días se pasaba por la constante confrontación ideológica, con una crisis económica galopante sin precedentes en la historia del país, que ya entraba en el peor ciclo de destrucción con la estanflación y la hiperinflación (La inflación alcanzó el 2.400 % en 2017, ubicándose como el país con mayor inflación en el mundo según estudios y organizaciones.

Trayendo como consecuencia el agravamiento en la escasez de alimentos y productos, en su gran mayoría de primera necesidad, con fallas del sistema de distribución de alimentos subsidiados. Igualmente el sector salud no escapaba a la tragedia, así tanto el material médico como las medicinas, habían agotado los inventarios o eran inaccesibles debido a los altos precios producto de la inflación, terminando de detonar la crisis humanitaria más colosal de la historia.

Desde 2016, la Organización No Gubernamental (ONG) Amnistía Internacional había iniciado la documentación sobre el funcionamiento de todo el sistema de salud de Venezuela, hallando que este no logra cubrir las necesidades de la población. De acuerdo, al Ministerio de Salud venezolano, la mortalidad materna aumentó un 65%, y la mortalidad infantil, un 31% durante el periodo de 2015 a 2016; adicionalmente, se incrementa la tasa de enfermedades por cuya erradicación Venezuela había sido históricamente un modelo a seguir, como la malaria.

El país se convierte en una pesadilla viviente, es reconocido como de los más peligrosos del mundo, con altos índices de criminalidad, con una espeluznante tasa de homicidios de 70,1 por cada 100.000 habitantes (21.752 homicidios en 2016).

No siendo suficiente, además la agudización en el colapso de los servicios públicos (telecomunicaciones, gas, agua, vías terrestres, aseo urbano, entre tantos otros) y con un impacto gigantesco, la crisis eléctrica, que lleva ya azotando al país varios años.

El coctel perfecto para la tormenta seguía juntándose: se evidenciaba un incremento del desempleo motivado a la disminución de personal y/o cierre de empresas, debido a la misma crisis económica asociada a la alta inflación. Se continuaba sumándose medios de comunicación nacionales e internacionales que eran censurados. La corrupción generalizada estaba desbocada, con crisis institucional en todos los poderes públicos nacionales.

A nivel político empeoraba aún más la situación, el gobierno de Venezuela estaba siendo vinculado con el narcotráfico. Con reportes de violaciones a los derechos humanos por parte del gobierno y la Guardia Nacional Bolivariana (GNB).Y se había suspendido indefinidamente el referéndum revocatorio presidencial y además se había aplazado las elecciones regionales.

Las relaciones comerciales y bancarias en toda la población estaban colapsadas, debido a que empeoraba cada vez más la escasez de papel moneda, tratando de desmonetizar parcialmente el cono monetario nacional (en diciembre de 2016).

En breves palabras, el país había agudizado su caída libre hacia el abismo…la mesa estaba servida para lo que sería luego mencionado por los medios de comunicación como la "Rebelión de Abril"

¿CUÁNDO INICIARON LAS PROTESTAS Y POR CUÁNTO TIEMPO?

Las protestas en Venezuela de 2017, estuvieron centradas en 134 días, desde el 31 de marzo de 2017 hasta el 12 de agosto de 2017. Consistieron en una serie de protestas a nivel nacional e internacional en contra el presidente Nicolás Maduro. Ha sido nombrada por algunos periodistas como la "Primavera Venezolana".

A manera general puede decirse, que fue causada por la crisis institucional de Venezuela de 2017 y los eventos relacionados a la conflictividad política de ese país que he nombraré a continuación y que se desmejoraron posteriormente a las elecciones parlamentarias del 2015.

¿POR QUÉ INICIARON LAS PROTESTAS EN VENEZUELA EN EL 2017?

A medida que han transcurrido los años, el dolor, la desesperanza, la angustia por lograr sobrevivir a la peor crisis humanitaria vivida en ese país, por la desmedida violación a la elemental dignidad y libertad humana, escasez de alimentos, carencia prácticamente absoluta de los medicamentos más básicos, falta de atención médica, así como de educación, un país, donde falta todo y abunda la depresión colectiva, que ha ido sustituyendo lo que fuimos por siempre los venezolanos; también se ha incrementado la indignación por la suerte que creen no merecerse ni los venezolanos ni ningún ser humano; apoderándose de la población cada vez más el sentido de urgencia para hacer una jugarreta al destino y volver a encauzar y encontrarte con la Venezuela que siempre fue, la de los colores, la de la alegría, la familiar, la que recibió a millones de todas partes del mundo, la amiguera, la tierra de gracia.

Estas protestas no iniciaron en abril de 2017, los venezolanos a lo largo de esos años han protestado, con diversas modalidades, con diferentes rostros, nunca han doblegado su espíritu, su coraje, ese que viene de ser herederos de la sangre libertadora de la América Latina, no olvidando jamás de que estamos hechos.

Más la historia de nuestro país, cambiante todo el tiempo, cada día, de hora en hora, hizo un quiebre antes y después de abril del 2.017; así ese año de caracterizó por ser un año sin precedentes en cuanto a la represión en Venezuela. Estaba iniciada la semana santa de ese año, y digo esto, porque en mi país de origen, esta fecha es tomada en ocasiones no solo como el retiro religioso que realmente envuelve, sino como oportunidad para vacacionar con familia y amigos, así muchos creían que se apaciguaría la fuerza con la que este movimiento genuino, espontáneo, los meses por venir demostraron que no sería así. De esta manera, el primero de abril de 2017 fueron intensificándose protestas a lo largo y ancho de todo el país.

Las manifestaciones fueron convocadas por el conglomerado de partidos políticos opositores al gobierno, que se denominó, Mesa de la Unidad Democrática (MUD) venezolana, luego que el Tribunal Supremo de Justicia (TSJ) dictó dos sentencias a finales de marzo, en las que asumía las competencias de la Asamblea Nacional y le otorgaba al presidente Nicolás Maduro facultades ajenas al ejercicio ejecutivo de su cargo. Las protestas se acrecentaron aún más, luego que el presidente Nicolás Maduro convocó una Asamblea Nacional Constituyente, a principios de mayo.

Como consecuencia, la MUD convidó a la ciudadanía a rechazar categóricamente las polémicas sentencias, en las que como comenté se adjudicó el TSJ competencias propias de la Asamblea Nacional, interpretándose como el rompimiento del hilo constitucional, como un "autogolpe de Estado" que atestó contra la libertad y la Constitución de la nación que sostiene la democracia. Dicho reconocimiento incluyó hasta la propia titular del Ministerio Público, Luisa Ortega Díaz.

Se unieron naturalmente un sinnúmero de participantes que dieron fuerzas a dichas manifestaciones, iniciando por el convocante, la Mesa de la Unidad democrática (MUD), así como estudiantes, movimientos de estudiantes, dirigentes políticos y miembros de la sociedad civil partidarios de la oposición, todos salieron a las calles a protestar diariamente, sin descanso, en busca de la restitución de la libertad.

Según escrito en Wikipedia, en la que refiere distintas fuentes, todo lo antes expuesto reforzado profundamente, por la prolongada crisis económica y sus expresiones más visibles, , como la elevada tasa de desempleo (para esa fecha rondando el 25%), la más alta de América Latina, la alta inflación (en ese momento en Venezuela el índice inflacionario había sobrepasado el 500%), la precariedad laboral, la reducción salarial, la restricción del crédito y las políticas gubernamentales de ajuste convertidas en trastornos del estado del bienestar, que ya habían sido traducidas en una grave crisis humanitaria (alimentos, salud); más la inseguridad desatada expresada en cifras como que en los últimos años previos al 2017 habían sido asesinadas 81.334, totalizando así 287.926 muertes todas violentas en el país.

En resumen, las protestas venezolanas tuvieron lugar en circunstancias de profundo descontento social por la coyuntura económica negativa, pero como he venido comentando, en su creación confluyeron un abanico de circunstancias y situaciones mucho más amplias y complejas.

¿CUÁLES ERAN LOS OBJETIVOS DE LA PROTESTAS?

Para ya los últimos días de marzo del 2017, de manera general, los objetivos planteados de las protestas eran:

- Adelanto de elecciones generales.

- Cambio de modelo electoral, político y económico.

- Liberación de los presos políticos.

- Apertura de canal humanitario para medicinas y alimentos.

- Destitución de los magistrados del Tribunal Supremo de Justicia (TSJ).

- Levantamiento del presunto "desacato" al Parlamento venezolano.

- Designación de nuevos rectores del Consejo Nacional Electoral (CNE).

- Suspensión de la convocatoria elección «sectorizada» de la Asamblea Nacional Constituyente (ANC).

CAPÍTULO II

PROTESTAS DE ABRIL 2017 EN VENEZUELA

CARACTERÍSTICAS DE LAS PROTESTAS

Las protestas que iniciaron en abril 2017 marcaron diferentes formas de acción social, que hasta ese momento en Venezuela no se habían observado, con características muy particulares que diferían de lo que ya había iniciado en años anteriores, así, estas protestas se caracterizaron por:

- La asistencia de las personas esta vez fue masiva, y creciente en el día a día a pesar que se agravaba la represión hacia las mismas, con el uso desmedido de la violencia.

- Participaron de las mismas manifestantes de los diferentes sectores socioeconómicos.

- Esta vez, las protestas no estuvieron circunscritas mayormente a la zona capital, sino que fueron escenificadas en todos los estados del país.

- Asimismo, participaron y fueron realizadas en zonas rurales y urbanas.

- Estuvieron conectadas con las convocatorias que realizaba la dirigencia política.

- No hubo horarios, se fueron tantos diurnas como nocturnas.

- Esta vez las exigencias fueron incluyentes, entre los derechos políticos y las demandas de derechos económicos y sociales.

- Protesta fue sostenida, no dispersada por los acontecimientos que se intensificaban en el día a día.

- Todas las manifestaciones, sus discursos y consignas estuvieron apegados al Estado de derecho, siendo protestas, no violentas.

- El impacto de estas protestas repercutió finalmente de manera más directa en la esfera internacional; en los países, organismos multilaterales y medios de comunicación.

¿Y QUÉ SUCEDIÓ DURANTE ESTOS MESES DE PROTESTAS?

Una vez que iniciaron las protestas, en el ambiente se respiraba mucha energía, mucho empoderamiento sosteniéndose en el bien colectivo. Los venezolanos venían de vivir el día a día del terror del régimen, confluía esta vez, diferentes movimientos, consignas, momentos culminantes; muy en el fondo creían que finalmente estaban encaminados a la liberación de su patria. Parecía que no había vuelta atrás, el país entero, los jóvenes, las familias, a pesar de la represión de los cuerpos de seguridad del Estado, quienes tuvieron a cargo esta función, la Guardia Nacional Bolivariana (GNB) y la Policía Nacional Bolivariana (PNB), los manifestantes se mantienen en las calles, decididos a devolver la libertad a nuestro país, tornándose en una nueva democracia.

El miedo a las muerte, a ser herido, apresado pululaba en el ambiente, más no detenía la sinergia emocionante, cargada de pasión por el logro de justicia y libertad. Se hablaba ya de muertos, heridos a millar, presos, desaparecidos, más dolor; pero nada los detuvo… y se siguió por meses luchando…desde diferentes ángulos cada quien en grupos o no hacía algo para alcanzar la tan ansiedad libertad del régimen del mal y del dolor. Muchos estaban en las calles, otros, aprovisionaban para que ellos pudiesen estar en las calle, otras tantos, se organizaban en comisiones u entes no gubernamentales u ONG que pudiesen documentar el horror de lo que se vivía, para levantar la voz ante el mundo y gritar, aquí están las pruebas, estamos luchando, ayúdennos… para que se escribiese en la historia de Venezuela y nunca más se repitiese y no se olvidase y se hiciese justicia contra todos los crímenes de lesa humanidad cometidos. Otros muchos, en las iglesias, en las casas se dedicaron sin cesar a orar para detener el mal y proteger a los héroes que defendían con sus vidas nuestra libertad. Fueron muchas horas de dolor, de incertidumbre, de miedo, de coraje, de fortaleza, donde más que nunca los venezolanos tenían el corazón claramente tricolor, si, la bandera ondeaba en esos corazones… lucía como si nuestra Venezuela, esa que conocimos por siempre de libertadores, estaba de vuelta.

De acuerdo a la medición del Observatorio Venezolano de Conflictividad Social (OVCS), entre el 1 de abril y el 31 de julio del 2017, se registraron 6.729 manifestaciones. Esto representó un promedio de al menos 55 protestas por día; representando un incremento del 157% en relación al mismo período en 2016. La distribución a nivel geográfico de las mismas, se muestran en el gráfico a continuación:

GRÁFICO NO. 1 PROTESTAS EN VENEZUELA DE ABRIL A JULIO DEL AÑO 2017

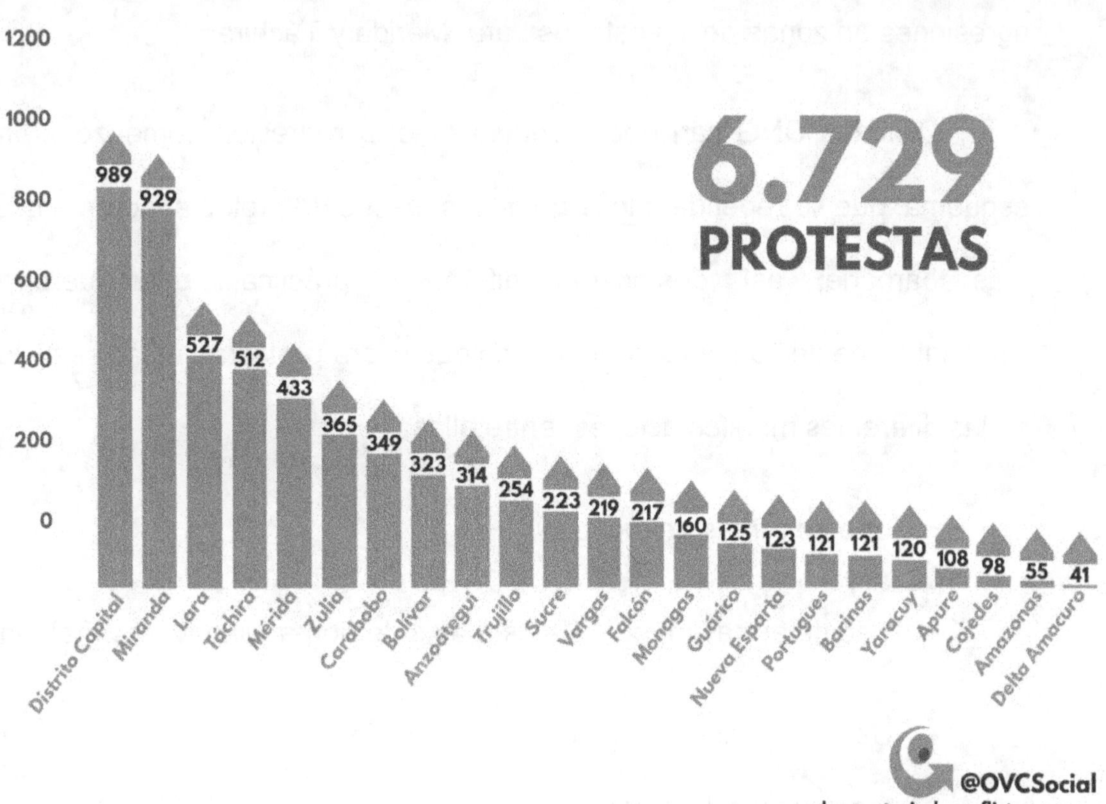

Fuente: Observatorio Venezolano de Conflictividad Social

Como consecuencia de esas protestas, se observó la respuesta desmedida y despiadada de los cuerpos de seguridad del Estado, que en conjunto con los grupos de civiles armados, llamados "colectivos", nombre que se le dio a las organizaciones parapoliciales progubernamentales, arremetían contra las manifestaciones en las ciudades de Venezuela, sin cesar, día y noche.

Un informe de la Comisión de Derechos Humanos de la ONU concluyó que 27 manifestantes perdieron la vida por la acción de estos grupos irregulares, que se desplegaron armados y en motos con el aval de las gobernaciones y jefes de la Guardia Nacional Bolivariana, según las denuncias de testigos que sufrieron sus agresiones en zonas de los estados Lara, Mérida y Táchira.

Distintas ONG han documentado, que la represión comenzó a presentar un esquema, que se repetiría a lo largo de los meses de protesta, con recrudecimiento y más barbarie, así destacaron diferentes prácticas que fueron aplicadas sistemáticamente contra todo ciudadano que osara protestar; estas se hicieron común en las diferentes manifestaciones, entre ellas:

- Uso de armas de fuego

- Uso de armas menos letales (balas de goma –llamadas perdigones-)

- Uso de material no reglamentario (bolas de vidrio –llamadas metras-, tuercas, como balas)

- Uso de material antidisturbios en zonas residenciales

- Uso desproporcionado de gases lacrimógenos

- Uso excesivo de la fuerza

- Tratos crueles e inhumanos y tortura

- Detenciones arbitrarias por motivos políticos

- Allanamientos: violación al hogar doméstico por parte de los cuerpos de seguridad sin orden judicial

- Desapariciones forzadas

- Saqueos e intentos de saqueos

Varios manifestantes revelaron a la Oficina del Alto Comisionado para los Derechos Humanos de las Naciones Unidas (ACNUDH) que una de las prácticas más perjudiciales durante las protestas fue el empleo de motocicletas para perseguirles. Cuando los manifestantes a raíz que se les agredía intentaban dispersarse eran perseguidos por estas motocicletas, que solían estar conformada por grupos de veinte de ellas cada una con dos agentes de los cuerpos de seguridad, uno de los cuales era el chofer y el otro portaba el arma anti motín. Muchas personas resultaron heridas al intentar escapar o por los golpes recibidos de estos agentes. Muchos también reportaron haber sido robados por los mismos agentes de seguridad. No había límites o zonas en donde resguardarse, pues en muchas ocasiones, el uso desmedido que se hacía de las bombas lacrimógenas hacía que las fuerzas de seguridad también dispararon los tóxicos gases en centros comerciales, universidades y hospitales, sin encontrar donde refugiarse los manifestantes.

Saqueos e intentos de saqueo

Según reporte del Observatorio Venezolano de Conflictividad Social (OVCS) los saqueos e intentos de saqueos fueron permanentes durante los 4 meses de duración de las protestas, llegándose a registrar unos 428 casos en todo el país, siendo afectados una cantidad significativa de establecimientos o transportes.

Esquema sistemático de violación al hogar y detenciones arbitrarias

En los reportes sobre la Represión en Venezuela del Foro Penal en sus números correspondientes al mes de abril, mayo, junio y julio del año 2017 exponen entre los mecanismos y acciones de los que se vale el Estado venezolano para reprimir e intimidar a los ciudadanos se encuentra la violación de domicilio, como un patrón ya sistemático. En la misma, los agentes de los cuerpos de seguridad irrumpen ilegalmente, sin que medie orden judicial alguna y sin que se den los supuestos de ley excepcionales para ello, en viviendas y conjuntos residenciales, que son propiedad privada; para ello se valen de vehículos blindados, e incluso armas de fuego de alto calibre, derribando rejas, portones y puertas, causando daños de magnitud significativa en las denominadas áreas comunes de estos sitios de residencia.

En esta ilegal invasión a la privacidad e inviolabilidad del hogar contemplada en la Constitución de la República Bolivariana de Venezuela, también se han herido y golpeado a las personas y macotas que habitan en esos hogares o bien a personas que se están resguardando en el mismo, generando un ambiente de absoluta indefensión y temor por parte de los afectados. Es ya práctica común que se realicen detenciones arbitrarias.

Los registros que llevaban distintas ONG, como Foro Penal , Amnistía Internacional, Codevida, Human Right, la Oficina del Alto Comisionado para los Derechos Humanos de las Naciones Unidas, indican que las detenciones o arrestos domiciliarios se han ejecutado totalmente al margen de la ley, sin orden judicial previa y sin sustento legal alguno, además, sin presencia de un fiscal del Ministerio Público, sin presencia de los testigos, como lo exige el artículo 196 del Código Orgánico Procesal Penal (COPP) y sin acceder a los investigados estar asistidos por sus defensores, como lo decreta este mismo artículo.

La violación inconstitucional de domicilios sin orden judicial y violando así los derechos humanos de las personas, fue una conducta que se presentó a nivel nacional, con mayor fuerza durante los meses de mayo y junio de 2017.

Como forma de control, en las zonas más humildes del país, con la excusa de una campaña contra la delincuencia, se aprovechó e igualmente se ejecutaron arrestos domiciliarios masivos e indiscriminados contra los habitantes de las mismas, evidenciándose graves abuso en los mismos, en los que incluso se llevó a cabo ejecuciones extrajudiciales por parte de los efectivos de los cuerpos de seguridad del Estado; a esto lo denominaron "Operaciones de Liberación del Pueblo" (OLP).

Los reportes de las diferentes ONG que trabajan en defensa de los derechos humanos, ponían en evidencia que se conservaba de manera repetida y abusiva la violación al debido proceso y el derecho a la defensa contra los detenidos por protestas; también se seguían ejecutando torturas y tratos crueles e inhumanos contra los detenidos. Las denuncias de abusos sexuales y violación se habían incrementado, mientras que ya era totalmente común como parte del procedimiento, las golpizas y humillaciones cuando las personas eran detenidas. La incomunicación de los detenidos seguía también siendo regular.

Amnistía Internacional, en ese momento y aún hoy, ha documentado y denunciado un amplio conjunto de violaciones de derechos humanos, a saber: las ya citadas detenciones arbitrarias por motivos políticos, tortura y otros malos tratos, homicidios, uso excesivo de la fuerza, desapariciones forzadas, carencia de independencia del poder judicial y de garantías procesales, y violaciones de los derechos a la alimentación, la salud y a una vivienda adecuada.

La fuerte represión ejercida por los cuerpos de seguridad del Estado contra las manifestaciones dejó un saldo de más de 5 mil personas detenidas en los cuatro meses de protestas.

Según información proveniente de los informes del Foro Penal Venezolano (FPV) los cuerpos de seguridad represores que se evidenciaron como actuantes en este tipo de acciones, fueron: la Guardia Nacional Bolivariana (GNB) en muchos casos actuando en conjunto con funcionarios del Comando Nacional Antiextorsión y Secuestro (CONAS), el Cuerpo de Policía Nacional Bolivariana (CNPB), el Servicio Bolivariano de Inteligencia Nacional (SEBIN) y el Cuerpo de Investigaciones Científicas, Penales y Criminalísticas (CICPC), entre otros, incluso han intervenido cuerpos armados paramilitares que actúan completamente a margen de la Ley y con la anuencia o en plena complicidad con los cuerpos de seguridad del Estado.

Detenciones y juicios militares a población civil

Para las organizaciones no gubernamentales de defensa de los derechos humanos el que se realizasen detenciones por parte del gobierno al margen del Estado derecho, en las que civiles fueron puestos a la orden de tribunales militares para ser juzgados por los mismos, supone un atentado contra el Estado de derecho y la civilidad.

Parcialidad de los órganos administradores de justicia

Gran parte de los órganos que administran justicia, mostraron comportamientos parcializados, actuando de acuerdo a las instrucciones, no ajustadas a derecho, que le eran impartidas por altos funcionarios del gobierno; estos que eran los que tuvieron bajo su responsabilidad la libertad y la vida de estas personas que ellos llegaron a clasificar como "disidentes" por el simple hecho de protestar.

Uso excesivo de la fuerza

Todos y cada uno de los días de las protestas se vivieron con elevados niveles de estrés, dolor y terror, nunca se escapó de la violencia y el uso excesivo de la fuerza asociado a maltratos, tratos crueles, inhumanos y tortura por parte de los agentes encargados de controlar las manifestaciones, o más bien de reprimirlas.

La Oficina del Alto Comisionado de las Naciones Unidas para los Derechos Humanos en su informe denominado "Violaciones y abusos de los derechos humanos en el contexto de las protestas en la República Bolivariana de Venezuela del 1 de abril al 31 de julio de 2017", han recopilado información de primera mano que indica que las fuerzas de seguridad han hecho uso de fuerza excesiva regularmente al momento de arrestar y en la mayor cantidad de casos de detención documentados. Frecuentemente, a los detenidos se les ha sometido a tratos crueles, inhumanos, constituyéndose en especie de tortura. Entre los datos que se han recopilado de malos tratos figuran el uso de descargas eléctricas, fuertes palizas, posturas que causan estrés, asfixia y amenazas de violencia sexual y muerte, llegando en casos a perpetrarse, todo ello con la finalidad de castigar, humillar y aterrorizar a los detenidos, así como de hacerse de confesiones e información sobre presuntas actividades contra el gobierno.

Militarización

Fue común durante los días de las manifestaciones, que sin previo aviso, ni notificación, cuando se conocía de una movilización de la oposición, especialmente en la ciudad capital, Caracas, que se colapsara toda la movilidad de la misma, pues el gobierno ordenaba que las principales avenidas de la ciudad o las más emblemáticas en lo que a convocatoria de reunión se refiere, o bien, las principales entradas a la ciudad fuesen tomadas por tanquetas, piquetes y barricadas de policías y militares bloqueando así la oportunidad que los manifestantes lograsen su objetivo de protestar; eso incluyó las estaciones del Metro capitalino; y, se extendió a muchas otras ciudades del país, en especial, aquellas más activas en la protesta.

Aplicación del Plan Zamora

El Plan Zamora ha sido descrito por el mismo gobierno como, un plan estratégico para dar respuesta a probables acontecimientos adversos o intervención extranjera que ponga en riesgo la seguridad del país.

Dicho plan contempló la inclusión del pueblo, en cuanto hacer uso de los "colectivos" y miembros de la Milicia Nacional como fuerzas de choques en las diferentes manifestaciones, o bien en los eventos requeridos; en otras palabras, promovía y consolidaba acciones en conjunto entre las Fuerzas Armadas Nacionales Bolivarianas (FANB), milicianos y civiles armados, facultándolos inconstitucionalmente para operar en el control del orden público.

El plan también le entregaba la potestad al Estado de detener a protestantes y juzgar a civiles en tribunales militares, incluso, aquellas personas acusadas de atacar autoridades militares podían ser imputada con el cargo de "rebelión".

Se ordenó su activación en la primera fase para el 18 de abril de ese año, y ya para el 17 de mayo se instruía se activase la fase dos; en ambas fechas, una vez operativo el plan, los hechos de violencia y represión aumentaron exponencialmente.

EL OVCS, reportó que las operaciones violentas efectuadas por civiles armados, incorporados a la estructura de las FANB, acogidos en el Plan Zamora, engrosaron el expediente que en materia de violaciones de derechos humanos almacena el Estado venezolano.

Como lo refiere el Foro Penal en uno de sus informes de represión del 2017, la violencia se instauró como la estrategia de resolución de conflictos tanto sociales como políticos, basado en el análisis del discurso del presidente de la República Nicolás Maduro, en el que contundentemente refirió que si: "fuera destruida la revolución bolivariana, nosotros iríamos al combate", y que lo que "no se pudo con los votos, lo haríamos con las armas".

Finalmente, luego de casi cuatro meses de protestas ciudadanas contra el gobierno de Nicolás Maduro, según el foro penal, se contabilizaban 135 víctimas fatales, más de 80 por armas de fuego y el resto en circunstancias relacionadas con las acciones de calle. Esta información será ampliada en el capítulo venidero.

El número de heridos no ha podido ser precisado con exactitud, más se estima que fueron al menos unas 15 mil personas. Las lesiones han sido por impacto de perdigones, bombas lacrimógenas, golpes dados por los funcionarios policiales o militares y afectados por gases.

¿CUÁLES FUERON LOS MÉTODOS DE PROTESTA DE ESOS MESES?

Durante los meses que transcurrieron desde abril hasta agosto 2017, se implementaron diversos métodos de protestas, el primordial fueron las manifestaciones. Además se incluyeron cacerolazos, trancazos, llamados a paro nacional, plantones, vigilias, solicitud de referéndum ciudadano, protestas relámpagos por sorpresa en todo el país, ciberactivismo.

Puedo comentar que de acuerdo a la información recabada, prácticamente cada una de las manifestaciones o marchas, tuvieron un nombre alusivo al fin que se planteaba la misma, así por ejemplo como significativa se tuvo:

"La madre de todas las marchas": de esta manera la llamó la dirigencia opositora. Así el 19 de abril, día que se conmemora la Declaración de la Independencia, una avalancha de personas se lanzó a las calles de Caracas a manifestar contra el gobierno de Nicolás Maduro. Se estima que mucho más de 800 mil personas lograron llegar al centro de la concentración.

"La Gran Toma de Caracas": esta fue convocada por la coalición opositora para el 28 de julio, la misma consistió en que los 23 estados con los 112 diputados a la cabeza de su región confluyeran en la capital del país, esperándose que miles de ciudadanos se movilizarán. El gobierno ordenó el cierre las vías de acceso a la ciudad de Caracas, no obstante, la marcha fue un rotundo éxito con miles de protestantes en las calles.

"La Marcha del Silencio": los medios de comunicación opositores al Gobierno advirtieron que el pueblo venezolano estaba recibiendo una fuerte represión, y los líderes de la oposición convocaron nuevamente a los opositores al Gobierno a protestar a las calles, era el 22 de abril de 2017.

Cacerolazos: durante todos esos meses y en años previos y posteriores a las protestas de abril 2017, el sonar de las cacerolas ha sido identificado con el descontento en las calles contra el Presidente Maduro y su gobierno. Durante las protestas, los cacerolazos se extendieron de las casas a las calles, donde se usaron los postes, las barandas y las santamarías.

Trancazo: Así se nombraron las protestas convocadas por la oposición para cerrar las vías y avenidas en todo el país, mientras se acercaba la fecha de las elecciones para la constituyente (30 de julio), que había instruido el gobierno. Cada faena de trancazos dejó un número significativo de muertos, heridos y detenidos. Los trancazos se desplegaban durante horas y eran ferozmente reprimidos por las fuerzas de seguridad del Estado.

- Hubo diferentes fechas y ubicaciones geográficas, entre ellos el trancazo del 8 de agosto
- El "**mega trancazo**" fue convocado por la oposición a nivel nacional, llamándolo el 10x10, simbolizando los 100 días de resistencia, las 10 horas en "trancazo" y el día 10 de julio.

Plantones: fueron una especie de trancazo, más bajo la premisa de permanecer apostados en las vías como una manera de "resistencia" pacífica; estos tenían horas de duración y los participantes solían permanecer en el sitio a pesar de la amenaza de los agentes de seguridad, el clima o cualquier otra condición.

"El Gran Plantón Nacional": fue convocada para el 15 de mayo. En diferentes ciudades y pueblos del país se sumaron al mismo miles de opositores, concentrándose en las principales vías de la nación.

Vigilias: a nivel nacional, se efectuaron diversas vigilias, en plazas, iglesias, espacios al aire libre, en las que había capacidad para un gran número de personas. En estas bien se rezaba, se conversaba, se encendían velas en honor a los caídos y a la lucha, su simbología tenía una fuerte influencia en los participantes.

Pupitrazo: en la Universidad del Zulia (LUZ) y muchas otras universidades, los estudiantes llegaron a recibir y dictar clases con sus pupitres en las principales calles y avenidas de la ciudad, en señal de apoyo a todo el movimiento estudiantil y en honor a los caídos.

'Puputov': estas nacieron en el estado Táchira. El 11 de mayo se estrenó en Caracas un arma no convencional utilizada por los jóvenes manifestantes. Para hacer "resistencia" a los policías y militares que enfrentaban en las calles: crearon esta "arma" la puputov, que consistía en los cócteles molotov y era frascos o envases de vidrio o bolsas cargadas con excrementos humanos o de animales. Las autoridades juzgaron estos "proyectiles" como armas biológicas por las bacterias que podían contener.

Las calles se tiñeron con dibujos acerca de la libertad, miles de calles en todo el país empezaron a mostrar sobre ellas escrito los nombres de cada uno de los caídos, como una forma de honrarlos y no olvidarlos.

CAPÍTULO III

PROTAGONISTAS DE LA HISTORIA

MOVIMIENTOS ESTUDIANTILES

Los movimientos estudiantes suelen tener períodos históricos determinados, justamente ello proviene del hecho que quienes lo conforman pasan cortos años en sus acciones universitarias derivadas de sus estudios.

El Movimiento Estudiantil Venezolano es un movimiento que nace en el año 2007, constituido por estudiantes de todas las universidades venezolanos, que se organizaron en oposición al gobierno del presidente de Venezuela, Hugo Chávez en su momento y que continúan al día de hoy en la lucha en contra de lo que se considera la dictadura o régimen del presidente Nicolás Maduro, como continuidad del proyecto político que se ha conocido como la revolución bolivariana.

Entre las diferentes participaciones que han tenido a lo largo de estos años, se cuenta:

Año 2007

Cuando el gobierno de Hugo Chávez en mayo de 2007, decidió no renovar la concesión al canal de TV, Radio Caracas Televisión (RCTV) por el vencimiento de la misma y por acusarlos de ser partícipes del golpe de estado del 2002, este movimiento inició sus protestas.

Para algunos analistas, este movimiento fue decisivo en el rechazo que se obtuvo del Referéndum constitucional de Venezuela de 2007

Participación en diferentes acciones de calle Año 2008 - 2013

Parte de los que conformaron este primer movimiento, dieron un paso más adelante y para el año 2008 decidieron participar en las elecciones para postularse como candidatos a diferentes cargos de elección popular; siendo seleccionados algunos de ellos que hoy incluso, forman parte de lo que son los protagonistas en gobernaciones, alcaldías y la propia Asamblea Nacional.

Tales fueron los casos de Stalin González a la Alcaldía del Municipio Libertador de Caracas, Freddy Guevara al Cabildo Metropolitano de Caracas y Daniel Ceballos al Consejo Legislativo del Estado Táchira.

Luego para el año 2010 para las elecciones parlamentarias, algunos de estos jóvenes se presentaron como una opción política de oposición, logrando para las elecciones primarias su candidatura y subsiguientemente sus cargos en la Asamblea Nacional de Venezuela, a saber: Stalin González por Distrito Capital, Víctor Ruz por el estado Zulia, Ricardo Sánchez por el estado Miranda y Miguel Pizarro por el estado Táchira.

Para el año 2011 continuó el movimiento de estudiantes participando activamente en la vida política del país, en defensa de lo que consideraban causas justas y que defendía los derechos humanos. Una multiplicidad de agrupaciones estudiantiles y juveniles organizaron protestas pacíficas en todo el país, entre esas:

- Huelga de hambre organizada por los integrantes de "Juventud Activa Venezuela Activa (JAVU)", conducida por Julio César Rivas, Alexander Tirado "El Gato de Aragua" y Lorent Gómez Saleh, frente a la sede de la Organización de los Estados Americanos (OEA) en Caracas, en la que se reclamó la liberación de los denominados presos políticos.

- Huelga de hambre iniciada por el Movimiento 13 de marzo frente a la sede del Programa de las Naciones Unidas para el Desarrollo en Caracas, capital venezolana.

- Huelga de hambre dentro de las instalaciones del Rectorado de la Universidad de Los Andes en Mérida, siendo dirigida por Gaby Arellano, Villca Férnandez, Augusto García, entre otros tantos, y cuya finalidad fue reclamar al gobierno del entonces presidente Hugo Chávez mejoras para el sector universitario.

Según el Observatorio Venezolano de Conflictividad Social (OVCS), en 2013 se registraron 4410 protestas

Para ese año, una diversidad de agrupaciones estudiantiles planificaron lo que denominaron "Operación Soberanía", era los primeros días de febrero de ese año. Dicha operación pretendía desentrañar todos los eventos asociados a la enfermedad del presidente Hugo Chávez, existía para el momento una total confusión en relación al tema, las informaciones que formal e informalmente circulaban, eran contradictorios y para nada claras. Se obtuvo un pronunciamiento de parte del gabinete presidencial, que presidía para ese momento Nicolás Maduro, como vicepresidente ejecutivo.

Para finales de febrero, comenzó la segunda etapa de dicha operación con un intento fallido de encadenamiento de estudiantes en la sede de la Magistratura del Tribunal Supremo de Justicia, pasando luego a la toma de una de las principales arterias viales en un conocido municipio de la ciudad capital.

Participaron movimientos como: Movimiento 13, JAVU, UNETE9, Operación Libertad, Liberación 23, DCU, DCU2, Equipo 10, Juventudes Voluntad Popular, Juventudes de COPEI, Juventud ABP, 100% Estudiantes ULA, Voz Estudiantil, Impulso 10, ProMonagas, Más Unidos, entre otros más agrupaciones universitarios.

Simultáneamente para principios del 2013, la Federación de Asociaciones de Profesores Universitarios de Venezuela (FAPUV) que congrega a profesores de las diferentes universidades del país, habían iniciado presiones sobre el gobierno, como finalidad pretendían un incremento al presupuesto de las casas de estudios en las que laboraban y un aumento de salarios y beneficios para este equipo de profesionales.

Luego de una huelga de hambre efectuada por estudiantes de diferentes universidades, en junio, la FAPUV convocó a un paro nacional de profesores universitarios, intensificando el conflicto. La escalada inició con protestas en unión de profesores, empleados universitarios y estudiantes. Los métodos empleados consistieron en marchas hacia entes públicos, obstrucción de vías en las principales ciudades, concentración en plazas, recintos, etc.

Protestas en Venezuela en el 2014

Las manifestaciones en contra del gobierno comenzaron en enero de 2014 y continuaron hasta mayo de ese mismo año; el 5 de enero con el asesinato del bachiller Héctor Moreno, estudiante de la Universidad de los Andes (ULA) en la ciudad de Mérida, así como con el rotundo rechazo al intento de violación de una joven estudiante de la ULA-Táchira en febrero, se desataron fuertes protestas por parte del estudiantado y de la sociedad civil, se le unirían líderes de la oposición, llegando estas a expandirse a Caracas y otras ciudades del país, logrando que los lideres opositores se uniesen en un solo bloque. Confluyendo factores ya presentes en la escena venezolana como la agudización de los problemas económicos como la inflación, el desabastecimiento y la escasez de artículos de primera necesidad, tanto alimentos como medicamentos.

Lo que desenlazó e incrementó el nivel de conflictividad fue la indignación de los estudiantes ante la agresiva, violenta y desmedida reacción de respuesta de los efectivos de seguridad entre ellos los policías a dichas protestas, siendo muchos estudiantes detenidos y abusados; también se realizaron protestas posteriores pidiendo la liberación de estos estudiantes.

Los dirigentes políticos nacionales María Corina Machado y Leopoldo López llamaron a tomar la calle el 2 de febrero.

Era ya común que a nivel nacional donde estaban activados los focos de protestas se emplease las barricadas "guarimbas", - procedimiento muy antiguo de defensa- para conformar un territorio relativamente seguro y evitar o dificultar agresiones por parte de los agentes de seguridad del gobierno en las zonas urbanas.

Además de estas manifestaciones pacíficas, otro elemento constante en algunas de las protestas fue la quema de basura, la incomunicación de calles y avenidas así como el enfrentamiento entre opositores y las fuerzas de seguridad del Estado.

Para este momento ya se habían unidos estudiantes de las diferentes universidades en Caracas, Táchira, Mérida, Zulia, Falcón, etc. Antonio Ledezma, María Corina Machado y Leopoldo López, convocaron una jornada de desobediencia civil, para el 12 de febrero, coincidiendo con la conmemoración del bicentenario de la batalla de La Victoria Ese día también se conoce en Venezuela como el Día de la Juventud. Se denominaría a esta "La Salida", refiriéndose por parte del líder Leopoldo López, que "la calle es la salida".

A raíz de este discurso, el gobierno decidió que este dirigente opositor estaba incitando a un golpe de estado, razón por lo cual es apresado el 18 de febrero, a la fecha sigue detenido con arresto domiciliario, conociéndose como el caso más sonado de los presos políticos.

El fin principal de los protestantes era que el presidente Nicolás Maduro renunciara e iniciar el cambio del modelo político-económico de Venezuela, que ya era clasificado para muchos como una dictadura. El movimiento estudiantil venezolano organizador de las marchas, representado por la Federación de Centros Universitarios, se enfocaban en lograr los siguientes objetivos:

- La libertad para los jóvenes apresados.

- El cese inmediato de las torturas y violaciones a los derechos humanos.

- Fin de la criminalización de la protesta.

- Desarme de los grupos civiles violentos que se denominaban "colectivos" .

- Renovación y legitimación de los poderes públicos.

- Alto a la censura de los medios de comunicación.

Según la fiscalía General de la República, las manifestaciones y disturbios dejaron un doloroso saldo de 43 fallecidos, más de 486 heridos y 1854 detenidos; así como el Foro Penal Venezolano fundamentó 33 casos de tortura.

Entre las acciones emprendidas por el gobierno a razón de estas protestas, estuvieron:

- Prohibición de manifestaciones sin permiso

- Retiro de la señal de canales internacionales

- Despliegue militar en el Estado Táchira

- Ataques contra periodistas y censura

- Proceso de mediación (dialogo) entre gobierno y oposición (10/04/2014)

Protestas abril 2017

Las protestas que iniciaron en abril de 2017, como he venido comentando tuvieron una diversidad de actores, que conjuntamente conformaron la gesta histórica en la lucha por la libertad.

Desde las Federaciones de Centro de Estudiantes de las diferentes universidades estuvieron siempre presentes jóvenes valerosos como: Rafaela Requesens, presidente de la FCU-UCV (Universidad Central de Venezuela); Daniel Ascanio, presidente de la FCU-USB (Universidad Simón Bolívar); Samuel Díaz, presidente de la FCU-Unimet (Universidad Metropolitana); José Ignacio Arcaya, vicepresidente del FCU-Universidad Monte Ávila; Yorman Barrillas, presidente FCU-LUZ (Universidad del Zulia); Iván Uzcategui, presidente FCU-UC (Universidad de Carabobo); Universidad Jose Antonio Paez (UJAP), entre tantos otra más.

Durante todas las protestas, las acciones pacíficas, sin violencia, identificaron al movimiento estudiantil, haciéndolos su insignia. Cargadas de un simbolismo sin igual, conmovedoras y llenas de pasión, con mensajes profundo, que mantuvieron activos y enfocados a los que ya seguían al movimiento y enriquecedores para que hiciesen reflexionar a otros que pensasen distinto.

Estos jóvenes cuya única arma fueron las consignas, salieron a luchar a las calles, a enfrentarse a las fuerzas de seguridad del Estado, que en contraparte estaban armados con tanquetas, perdigones y gases lacrimógenos. Se han mantenido por meses y años en las calles, con el único objetivo que es defender la democracia y la libertad, hasta que logren cambiar de gobierno.

En esta oportunidad hubo una significativa empatía entre el movimiento estudiantil y la dirigencia política, hecho que difirió del 2007. Probablemente basado esta dirigencia viene de las propias filas de este movimiento, de las mismas aulas de clases, también dejaron sus pupitres por irse a las calles en busca de la libertad. Más esto no ha impedido que se evidencie una absoluta autonomía por parte del movimiento estudiantil con respecto a los partidos políticos, lo que ha hecho que el número de seguidores a sus filas se haya incrementado.

Las actuaciones de los estudiantes de educación media y universitaria fue determinante en algunas manifestaciones por lo que fueron blanco fácil de la represión del Estado. De acuerdo al Informe de las Naciones Unidas, la mayoría de víctimas mortales por las protestas fueron hombres jóvenes, de 27 años en promedio. En general, las víctimas fueron estudiantes o personas que acababan de terminar sus estudios.

LA RESISTENCIA

El país entero se conmovió, quizás no quedo nadie cuyos ojos se llenasen de lágrimas ante la grandeza de estos pequeños grandes héroes. Cuando de la nada saltaron al escenario de la lucha aquellos adolescentes, la mayoría de origen humilde, con cascos, escudos de cartón improvisados, con camisas que les ocultaban el rostro y cuyas principales armas para defenderse ante la brutal represión del régimen eran fuegos artificiales y bombas molotov, ellos fueron llamados "La Resistencia", constituían la oposición radical al régimen.

El más inspirador ejército de hombres y mujeres valientes, de escuderos inexpertos, que se colocaron en las primeras filas, constituyendo los grupos de choque, encabezando las luchas campales en cada manifestación, dispuestos a todo; cada uno de ellos sabían que estar allí, defendiendo sus ideales de libertad, de justicia, podría costarle las vidas, más nada los detuvo. La resistencia avanzaba en el corazón de todos los que soñaban con volver a ver a la tierra de Bolívar en libertad.

La mayoría eran varones, menores de edad que tenían la esperanza de hacerse hombres y mujeres dignamente en Venezuela, otros tantos rondaban los 20 a 25 años; ellos enfrentaban a la Guardia Nacional Bolivariana (GNB) y a la Policía Nacional Bolivariana (PNB) en tenis, pantalón corto, cascos, escudos de cartón prensado, pelotos de golf.

El número de miembros de este equipo podía llegar a superar fácilmente los 700 en cada marcha opositora. Con el único fin de recuperar a Venezuela, allí se encontraron en la lucha todas las clases sociales.

Estos se movían en pequeñas unidades; al ubicarse adelante en cada manifestación, eran los que recibían los disparos, las detenciones, las bombas lacrimógenas, estos las devolvían, empleaban técnicas de combate callejero como piedras, cabestrillos, frascos de pinturas con los que intentaban bloquear la visión de los que conducían las tanquetas de guerra.

Óscar Pérez, un ex inspector de la Policía Científica fue durante un periodo de tiempo, unos siete meses, el hombre más buscado en Venezuela, tras el ataque que realizó a la sede del Tribunal Supremo de Justicia (TSJ). Fue considerado por sus seguidores el emblema de la "Resistencia" al gobierno de Maduro.

Muchos integrantes de la "resistencia" debieron irse del país tras ser perseguidos para ser arrestados y otros más fueron encarcelados o detenidos por las fuerzas de seguridad del Estado.

LIDERES OPOSITORES AL GOBIERNO

En solo unos días de protesta Nicolás Maduro consiguió algo que en algún momento se sintió perdido: la unidad de la Unidad Democrática.

La Unidad Democrática conformada por la coalición de partidos en la MUD (Mesa de la Unidad Democrática) durante los meses que se llevó a cabo las protestas presentó una cara renovada ante la crisis. Muchos rostros internamente distanciados a raíz del fracaso en el famoso diálogo con el gobierno en el 2016, protestaron unidos y fueron una sola voz en el reclamo por la restitución de la democracia.

El tablero político venezolano había sufrido un vuelco totalmente inesperado, los políticos opositores empezaron a comandar las protestas en las calles pese a la violenta represión de los efectivos de seguridad en Caracas y en otras ciudades del país. Multiplicaron su presencia en las calles y con la misma se incrementaron sus seguidores. Tras que Nicolás Maduro, despojara a los diputados opositores de su inmunidad diplomática, los mismos respondieron con una valentía en las calles.

Así un grupo de ellos emprendieron el enfrentamiento a los militares. Las acciones de estimulación e invitación a participar iniciaron desde el uso de altavoz en centros comerciales, despertando al país, ese sumergido en el letargo de la crisis social y económica, el dolor y la desesperación.

Fue común ver a distintos diputados de la Asamblea Nacional, gobernadores, alcaldes en las movilizaciones; así se observó los diputados Freddy Guevara, arrebatando a un manifestantes de las garras militares; Carlos Paparoni, siempre en primera línea de combate, Miguel Pizarro esgrimiendo las consignas "¡Aquí no se rinde nadie, aquí no retrocede nadie!". Siempre presente el gobernador Henrique Capriles, la activista Lilian Tintori o la ex diputada María Corina Machado. Además de José Manuel Olivares, amara Adrián, Dinorah Figuera, Juan Andrés Mejía, Gaby Arellano y José Antonio Mendoza, Juan Requesens y David Smolanky, entre otras tantas figuras.

Capriles, Henrique: El dos veces candidato presidencial y el gobernador de Miranda fue una pieza clave en todo el conflicto de esos meses. Su participación fue totalmente activa, tanto en las marchas como en todas las acciones legales que se acordaron para realizar la defensa de la constitución y lograr denunciar ante el mundo el autogolpe del presidente Maduro. Justamente como represalia fue sancionado por el régimen con una inhabilitación por 15 años impuesta por la Contraloría General, que le impide hacer vida política, frenando su participación esperada como candidato presidencial a las elecciones del 2018. Desde ese entonces continua en la palestra pública, más la participación ha sido más tímida y discreta.

Guevara, Freddy: El primer vicepresidente de la Asamblea Nacional y dirigente de Voluntad Popular fue designado por la Mesa de la Unidad Democrática (MUD) como su vocero, convirtiéndose en una de las caras más visibles de la dirigencia opositora; era el comisionado para convocar todas las acciones de calle que se realizarían, los llamados trancazos y las marchas. Una vez concluidas o desmovilizadas las protestas, ingresó en noviembre del 2017 en calidad de "huésped" a la residencia del embajador de Chile en Caracas. El gobierno insiste en lograr activarle un juicio por "traición a la patria".

PERIODISTAS Y MEDIOS DE COMUNICACIÓN SOCIAL

Durante las protestas, los comunicadores no escaparon a las consecuencias de la intolerancia política. Así debieron cubrir las protestas con cascos, chalecos antibalas y máscaras de gas. Las Naciones Unidas denunciaron que los ataques contra periodistas y otros trabajadores de los medios de comunicación fueron ataques físicos, que incluían golpizas, heridas causadas por cartuchos de gas lacrimógeno, tiros directos de perdigones de plástico como balas, así como detenciones arbitrarias e confiscación o destrucción de sus equipos y del material de comunicación habían desarrollado, o bien para evitar que cubriesen las manifestaciones.

Asimismo, también la ACNUDH verificó que varios periodistas fueron amenazados, incluso de muerte, cuando cubrían las manifestaciones. Algunas de estas amenazas fueron tan serias, que muchos de los comunicadores debieron trasladarse a otra ciudad del país o bien fuera del mismo. Muchas de estas amenazas se propagaron a través de las redes sociales.

Fueron prácticas comunes que los cuerpos de seguridad del Estado, robasen a la prensa, agredieran a los periodistas, los golpearan y les dañaran sus equipos de transmisión.

Redes sociales

Dada la censura que se vivía y se continua viviendo en Venezuela, las redes sociales se convirtieron en protagonistas en esos meses; era el recurso más utilizado por la oposición para trasmitir datos, videos y fotos sobre lo que pasaba en las calles. Redes como Twitter o Instagram fueron usadas para buscar y transmitir información en medio del apagón informativo impuesto por el Gobierno. Las señales de las páginas web de Vivo Play, VPI Televisión y Capitolio TV, que trasmitían las protestas y las actividades del Parlamento a través de Internet, fueron bloqueadas por las autoridades del gobierno.

PRESOS POLÍTICOS

La detenciones arbitrarias y los malos tratos fueron comunes entre abril y julio de 2017. Según estimaciones de la ONG Foro Penal Venezolano, 5.051 personas, entre ellas 410 niños, fueron detenidas durante las protestas. Al 31 de julio seguían detenidas 1.383 personas, de esos 620 fueron reportados como presos políticos.

Al transcurrir de los meses se comenzó a observar el fenómeno de "puerta giratoria", es decir, mientras ingresaban diariamente centenares de presos, liberaban algunos de ellos. Al final de las protestas la estadística indicaba que era mayor el número de los que ingresaban que los que eran liberados.

Como prácticas comunes durante estos meses con los detenidos se documentó: la incomunicación de las personas. No se permite el acceso a los abogados a los detenidos sino hasta que los mismos son llevados a tribunales. Los casos de tortura y trato cruel e inhumano se repetían como un patrón sistemático. Golpizas de diversa índole, personas guindadas por horas de sus manos, abusos sexuales a mujeres y hombres, entre otros tanto.

Otras organizaciones como Amnistía Internacional acusaron a las fuerzas de seguridad se someter a los detenidos, incluyendo niños, a una o más formas de tratos crueles, equivalentes en varios casos a actos de tortura. Entre los malos tratos se identificaron fuertes palizas, descargas eléctricas, posturas que causan estrés, asfixia y amenazas de violencia sexual y muerte. El procesamiento de civiles por militares también fue denunciado por activistas de derechos humanos.

En adición se presentaban boletas de excarcelación para detenidos que no eran cumplidas, negándose a ejecutarlas el Servicio Bolivariano de Inteligencia nacional (SEBIN).

Tipos de presos políticos

El Foro Penal ha clasificado o tipificado a los presos políticos, así, según esta ONG, la privación de libertad de personas específicas, que se ha estado ejecutando estos últimos años, se encuadra las tipologías de acuerdo al propósito que busca dicha detención política. Así la clasificación es:

Categoría 1: está conformada por aquellos detenidos que individualmente representan una amenaza política para el gobierno, por tratarse de líderes políticos o sociales. Se busca como objetivo neutralizar la acción de estas personas, como movilizadores sociales o políticos, excluyéndola del panorama político del país.

Categoría 2: Aquellas personas detenidas o condenadas, por pertenecer a un grupo social que se necesita amilanar. Este grupo sobresalen estudiantes, defensores de derechos humanos, comunicadores, militares, activistas sociales y políticos, entre otros más.

Categoría 3: es aquel grupo de detenidos, que no son considerados una amenaza política ni individual ni grupalmente, más para transmitir su poder con respecto a la vida nacional, son apresados.

GRUPOS DE PRIMEROS AUXILIOS MÉDICOS

A razón de la gran cantidad de heridos y muertos que se iban suscitando a medida que avanzaban las protestas como producto de la brutal represión de los cuerpos de seguridad del Estado, urgía un sistema médico de apoyo para atenderlos. Esto fue el basamento humanitario bajo el que se sostuvo la creación de estos grupos, que fueron denominados los "Cascos Verdes", porque provienen de la Cruz Verde, entre otros grupos auxiliares. Funcionaron principalmente en las ciudades de Caracas y Maracaibo y más incipientemente en el resto de principales ciudades del país.

Su tarea siempre se rigió por los principios de humanidad y neutralidad; ofreciendo ayuda y prestando atención médica tanto la sociedad civil como a los cuerpos del Estado, que en su momento podían estar reprimiendo las protestas, asistiendo a todos los actores que pudiesen resultar heridos.

Este grupo de estaba constituido por estudiantes y profesores de medicina, así como de paramédicos de las universidades públicas.

Se preparan con escudos, chalecos antibalas, máscaras de gas y cascos. Antes de salir, verifican sus equipos e insumos, esos con los que atenderán a los heridos. Una vez que están preparados y antes de partir se abrazan y rezan como hermanos. Tras el rezo, se cuentan; los que salen por primera vez se identifican por su nombre e indican si son alérgicos a algún medicamento. Iniciando abril de 2017, los jóvenes voluntarios de los grupos de primeros auxilios de la Universidad Central de Venezuela (UCV) eran menos de 20, luego de 90 días después sumaban más de 210.

Su operación consiste en acercarse a la línea de fuego para socorrer heridos, parar hemorragias y aliviar los síntomas resultados de los gases lacrimógenos. Se dividen en grupos de seis o siete: rojos, naranjas y verdes. Los grupos rojos son los responsables de extraer los heridos de la línea de tiro y están apoyados por voluntarios que conducen motos y camionetas pick-ups (en la que trasladan a los heridos de mayor gravedad a los centros médicos-asistenciales). Los naranja ofrecen atención médica de emergencia y transportan a los heridos sobre parihuelas a zonas de repliegue del combate. Y Finalmente, los verdes, son los que están equipados con mayor cantidad de implementos médicos, estos se ubican dónde pueden atender a los pacientes con más calma.

En esta loable labor y en plena faena, falleció atropellado por una camioneta en la Av. Fuerzas Armadas de Maracaibo, estado Zulia, el joven estudiante de medicina, Paúl Moreno. Los grupos de Cruz Verde se conservan activos con la dotación de medicinas y asistencia médica.

ORGANIZACIONES NO GUBERNAMENTALES (ONG), SU PAPEL

Antes de las protestas de abril 2017, y raíz de ellas surgieron o se reforzaron las acciones de muchas Organizaciones No Gubernamentales (ONG) o asociaciones civiles; listaré a continuación algunas de las más significativas por su papel en los días de esos acontecimientos:

Foro Penal Venezolano (FPV): es una organización no gubernamental de asistencia a víctimas de violaciones a los derechos humanos, radicada y registrada en Venezuela como asociación civil. Tiene como propósito primordial la defensa y promoción de los derechos humanos, su actuación fue decisiva y sigue siéndolo actualmente al asistir a las víctimas de asistencia gratuita a las víctimas de la represión por parte del estado y a los presos políticos. Es la ONG que ha liderado las gestiones legales para la libertad de los detenidos considerados presos políticos o o no; para ello está conformado un equipo de al menos 200 abogados voluntarios, distribuidos a lo largo ya ancho de todo el país, gestionados por coordinadores en cada estado del país y acompañados de al menos 2000 activistas de derechos humanos, denominados por ellos como "defensores activos".

Amnistía Internacional: esta organización no gubernamental (ONG) está dedicada a la investigación contra los abusos de derechos humanos, es decir, civil, político, social, cultural y económico, así emprenden acciones para frenarlos, favoreciendo que todas las personas puedan disfrutar de todos aquellos derechos contemplados en la Declaración Universal de Derechos Humanos; demandando a todos los gobiernos respetar el Estado de derecho.

Human Rights Watch (HRW), -'Observatorio de Derechos Humanos-' es una organización no gubernamental (ONG) consagrada a la investigación, defensa y promoción de los derechos humanos. Su sede se encuentra en Nueva York (Estados Unidos), más actúa en un sin número de países alrededor del mundo. Ha documentado los casos de Venezuela de abusos y violación a los derechos humanos, haciéndolos presentes en la opinión pública nacional e internacional, con el objetivo que se emprendan acciones que detengan estos abusos.

Observatorio Venezolano de Conflictividad Social (OVCS): es una organización no gubernamental venezolana que fundada en 2008 por un grupo de profesores universitarios y activistas de los derechos humanos. Su énfasis es la promoción y defensa de los derechos humanos; como vía de fortalecimiento de la democracia, la libertad y la justicia.

Como institución está consagrada al estudio y entendimiento del acontecer social, en las que incluye la protesta social, conflictos, tensiones y luchas populares en Venezuela, esforzándose en identificar los factores que la afectan.

Colaboran con toda la sociedad representada por sus instituciones, organismos y comunidades en la comprensión de los procesos sociales venezolanos que la atañen, con el fin de encontrar el camino a la vía que permita a los venezolanos vivir desde dignidad humana.

CAPITULO IV

CRONOLOGÍA DEL TERROR Y DE DOLOR: 135 MUERTOS EN PROTESTAS EN VENEZUELA

Según la estadística del Foro Penal Desde el 1º de abril de 2017, 134 personas han fallecido en el contexto de las diferentes manifestaciones y protestas. De este número, 102 personas fueron asesinadas directamente como parte de la represión de las manifestaciones en momentos en los cuales efectivos de seguridad (40%) y civiles armados al margen de la ley (52%) estarían actuando. Al menos el 83% de estas muertes fueron por impacto de bala. De los fallecidos, 32 personas fueron producto de otros hechos relacionados indirectamente con las mismas, tales como saqueos, barricadas, linchamientos, entre otros.

Se han reportado al menos 10.000 heridos entre abril y julio del 2017, producto de la represión de las manifestaciones.

Los fallecidos, los héroes

Foro Penal Venezolano (FPV) en su Informe sobre la represión en Venezuela del mes de julio del 2017 informó, que desde el 1ero. de abril al 31 de julio hubo 134 muertes, de las cuales 102 ocurrieron propiamente en la manifestaciones y las 32 restantes producto de hechos relacionados como barricadas, saqueos, linchamientos, entre otros. El promedio de las edades de los fallecidos osciló entre los 17 y los 28 años.

A pesar de la data manejada por el Foro Penal Venezolano, la ONG Observatorio Venezolano de Conflictos, difiere en los números, los mismos se muestran en el cuadro a continuación:

GRÁFICO NO. 2. FALLECIDOS EN LAS PROTESTAS DE ABRIL - JULIO 2017, DISTRIBUIDOS POR ESTADOS DEL PAÍS Y SEXO

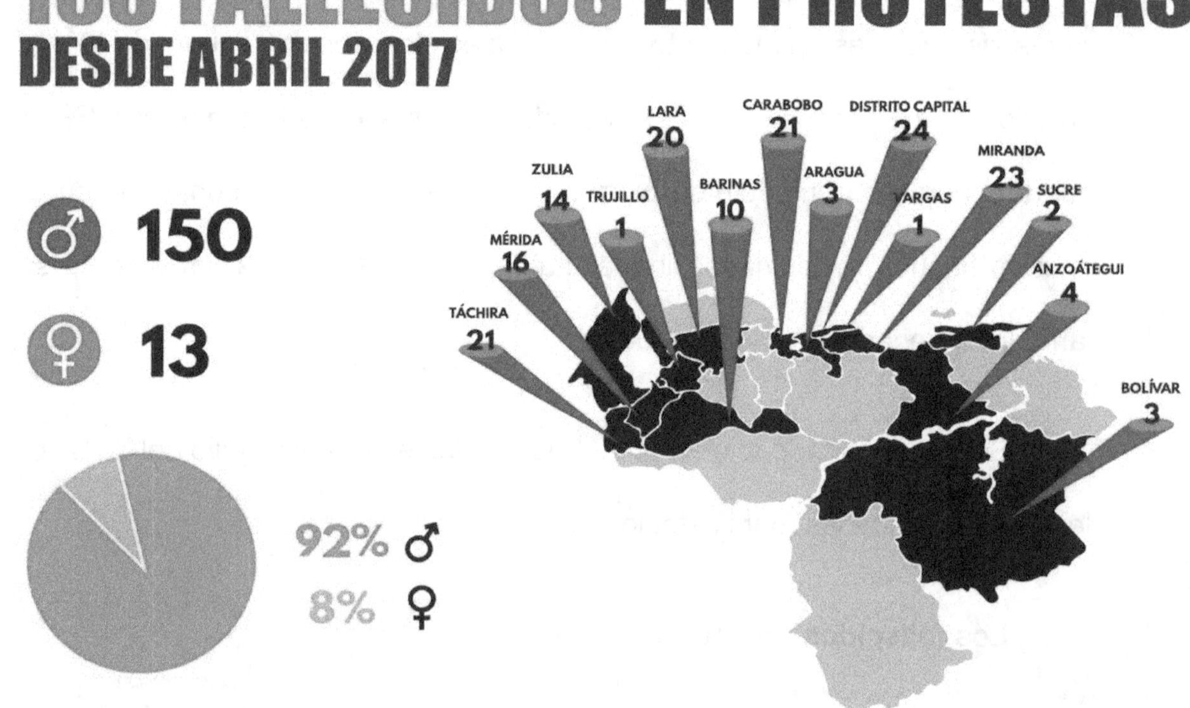

Fuente: Observatorio Venezolano de Conflictividad Social

MUERTES EN PROTESTAS

A continuación cuadro sinóptico del número de víctimas y causa de muerte:

GRÁFICO NO. 3. NUMERO DE FALLECIDOS Y CAUSAS EN PROTESTAS DE ABRIL-AGOSTO 2017

	ABRIL	MAYO	JUNIO	JULIO	AGOSTO
Herida por arma de fuego	18	30	16	31	4
Impacto por bomba lacrimógena	1		1	1	
Asfixia por gases lacrimógenos	1	1	1	1	
Arrollamiento		2	4	1	
Volcamiento por barricada		1	2		
Accidente, quemadas, impacto de objeto	1		1	1	
Descarga eléctrica	8				
Golpiza					1
No se sabe			4	2	
TOTAL: 134	**29**	**34**	**29**	**37**	**5**

Fuente: Elaboración propia

Ahora en detalle cada uno de los casos

ABRIL

27 de abril

Eyker Daniel Rojas Gil (20): Técnico de celulares. Cuando se encontraba en una manifestación en la parroquia Concepción de Barquisimeto, Lara, fue herido por arma de fuego en la región temporal izquierda, por personas desconocidas.

26 de abril

Juan Pablo Pernalete Llovera (20) estudiante del segundo semestre de Contaduría Pública de la Universidad Metropolitana, pertenecía al equipo de baloncesto de esa casa de estudios y tenía una beca por excelencia deportiva. Cuando manifestaba en Altamira, resultó herido por el impacto de una bomba lacrimógena.

Christian Humberto Ochoa Soriano (22): Cursaba estudios de electricidad. Murió a causa de un disparo de proyectil múltiple en región umbilical superior derecha.

25 de abril

Orlando Johan Jhosep Medina Aguilar (22): Trabajaba como obrero. Cuando se encontraba en una manifestación recibió un disparo que le ocasionó un traumatismo craneoencefálico.

Luis Alberto Márquez (52): Se desempeñaba como jardinero. Resultó herido por arma de fuego en la región occipital causándole la muerte.

Johan Medina (23 años): el joven fue asesinado de un disparo en el rostro.

24 de abril

Renzo Jesús Rodríguez Rodas (54): Trabajó en el área de estudios de Malariología. Era mototaxista y reparaba electrodomésticos. Cuando se encontraba cerca de una manifestación, recibió un impacto de bala en la región pectoral izquierda que le causó la muerte.

Jesús Leonardo Sulbarán (41): Criminólogo. Recibió varios disparos que le causaron hemorragia interna extensa.

20 de abril / Saqueos en El Valle

Almelina Carrillo Virgüez (48): Trabajaba como camarera de la Clínica La Arboleda. Cuando se dirigía a su lugar de le arrojaron una botella con líquido congelado, la cual impactó en la cabeza causándole traumatismo craneoencefálico severo, falleció cuatro días después.

Mervins Fernando Guitian Díaz (25): Era supervisor de mantenimiento de obras públicas. Recibió un disparo en la región abdominal mientras transitaba por donde se desarrollaba una manifestación.

Kevin Steveen León Garzón (19): Realizaba labores a destajo en diferentes oficios. fue herido por disparo de arma de fuego que le ocasionó fractura de cráneo.

Francisco Javier González Núñez (34): Ayudante de albañilería. Recibió un disparo cuando se encontraba en una manifestación.

Ramón Ernesto Martínez Cegarra (28) Comerciante. Se dedicaba a la venta de empanadas y jugos en un local de su propiedad, salió en resguardo de su propiedad, y luego de sostener una fuerte discusión con personas que saqueaban fue asesinado de un disparo.

Albert Alejandro Rodríguez Aponte (16): Estudiante de bachillerato. Murió tras inhalar gases lacrimógenos.

Yorgeiber Barrena Bolívar (15): Estudiante de segundo año de bachillerato. Murió por una descarga eléctrica tras participar en el saqueo de la panadería "La Mayer del Pan".

Kenyer Alexander Aranguren Pérez (20): Trabajaba a destajo en diferentes áreas. Murió por una descarga eléctrica tras participar en el saqueo de la panadería "La Mayer del Pan".

Romer Stivenson Zamora (29): Mototaxista. Murió por una descarga eléctrica tras participar en el saqueo de la panadería "La Mayer del Pan".

Jonathan Antonio Meneses López (27): Albañil. Murió por una descarga eléctrica tras participar en el saqueo de la panadería "La Mayer del Pan".

William Heriberto Marrero Rebolledo (33): De profesión estilista. Murió por una descarga eléctrica tras participar en el saqueo de la panadería "La Mayer del Pan"

Robert Joel Centeno Briceño (29): Trabajaba como almacenista en Suvinca. Murió por una descarga eléctrica tras participar en el saqueo de la panadería "La Mayer del Pan".

Jairo Ramírez (46): Mecánico de la empresa Supra Caracas. Murió por una descarga eléctrica tras participar en el saqueo de la panadería "La Mayer del Pan".

Elio Manuel Pacheco Pérez (21): Obrero de la empresa Fospuca, estudiante de administración. Murió por una descarga eléctrica tras participar en el saqueo de la panadería "La Mayer del Pan".

19 de abril

Paola Andreína Ramírez Gómez (23): Era estudiante de la Universidad Católica de San Cristóbal. Murió por disparo de arma de fuego por su espalda.

Niumar José Sanclemente Barrios (28): Era sargento segundo de la Guardia Nacional Bolivariana (GNB). Murió por un disparo de arma de fuego.

 Carlos José Moreno Barón (17): Estudiante del primer semestre de Economía en la Universidad Central de Venezuela. Murió como consecuencia de un disparo en la cabeza, durante una manifestación.

13 de abril

Gruseny Antonio Canelón Scirpatempo (32): Aunque fue herido con un proyectil múltiple disparado por arma de fuego, el 11 de abril, falleció dos días después, el Jueves Santo 13 de abril. El hecho se suscitó cuando transitaba por los alrededores de una manifestación.

11 de abril

Brayan David Principal Giménez (14): Estudiaba tercer año de bachillerato. Fue impactado por un proyectil de arma de fuego.

Miguel Ángel Colmenares Milano (36): Comerciante. Asesinado de varios disparos cuando observaba una manifestación.

10 de abril

Daniel Alejandro Queliz Araca (20): Era hijo único y estudiante de tercer año de Derecho en la Universidad. Falleció tras recibir una herida por arma de fuego en el cuello, durante una manifestación.

6 de abril

Jairo Johan Ortiz Bustamante (19): Estudiante de la Universidad Politécnica de Caracas. Fue herido por un proyectil disparado por arma de fuego, durante una manifestación.

MAYO

28 de mayo

César Pereira Villegas (21): Fue herido con una metra en el abdomen durante una protesta. Era dirigente juvenil de Voluntad Popular.

26 de mayo

Manuel Sosa (30): la víctima recibió un impacto de bala durante una manifestación.

24 de mayo

Adrián Duque Bravo (24): Asesinado por disparos.

Augusto Sergio Pugas Velázquez (21): Murió al recibir un disparo en la cabeza en medio de la represión en una Universidad del oriente del país.

Anderson Abreu Pacheco: Asesinado por un disparo en la cabeza.

23 de mayo

Erick Antonio Molina Contreras (35): Fue víctima de varios disparos en una manifestación.

Juan Antonio Sánchez Suárez (21): Se encontraba en una manifestación, cuando recibió dos disparos en el pecho.

22 de mayo

Ynigo jesús Leiva (66); Comerciante. Presentó herida en antebrazo y costado izquierdo, el hombre recibió un impacto de bala.

Freiber Pérez (21): Recibió un disparo durante una protesta.

Miguel Ángel Bravo Ramírez (25): Asesinado por disparo.

Elvis Adonis Montilla (19): el joven recibió un disparo.

John Alberto Quintero: Versiones indicaron que el joven recibió un impacto de bala.

Alfredo Carrizales: durante una manifestación recibió un impacto de bala en el intercostal izquierdo.

Yorman Ali Bervecia Cabeza (19): Estudiante. Asesinado de un balazo durante una manifestación.

Luis Lucena (20 años): la víctima recibió un disparo en el pecho durante una protesta.

20 de mayo

Edy Alejandro Terán Aguilar (23) Estudiante de Administración (Unesr). Murió de un disparo en el pecho cuando se encontraba en medio de una manifestación.

19 de mayo

Jorge David Escandón Chiquito (37): Licenciado en Seguridad Ciudadana. Fue herido en la región cefálica por un proyectil disparado por arma de fuego.

Daniel Rodríguez Quevedo (18): Estudiante del primer año de Derecho en la Universidad Católica del Táchira. Recibió un disparo en la región cefálica.

18 de mayo

Paul René Moreno Camacho (24): Paramédico, miembro del grupo Cascos Verdes. Estudiante de quinto año de medicina en la Universidad del Zulia- Fue arrollado cuando estaba en una manifestación.

17 de mayo

Manuel Felipe Castellanos Molina (48): Comerciante. Recibió un impacto de arma de fuego.

José Francisco Guerrero Contreras (15): Trabajaba como obrero. Cuando estaba en un abasto, lugar en el que se realizaba una manifestación, recibió un disparo en la espalda

16 de mayo

Diego Fernando Arellano De Figueredo (31): Biólogo. Protestaba, recibió un disparo de arma de fuego en el tórax.

Yeison Nathanael Mora Castillo *(17):* Laboraba en una ferretería. Cuando participaba en una manifestación, resultando herido de bala, murió.

15 de mayo

Diego Armando Hernández Barón (32): Era Técnico Superior en Administración. Trabajaba como mototaxista. Cuando protestaba recibió un disparo de arma de fuego en el tórax.

Luis José Alviarez Chacón (18): Hijo único, bachiller, atleta. Cuando se encontraba en una manifestación, recibió un disparo en el tórax.

10 de mayo

Miguel Fernando Castillo Bracho (27): Era comunicador social mención audiovisual. Cuando manifestaba, recibió un disparo de arma de fuego a la altura del intercostal izquierdo.

Anderson Enrique Dugarte Dugarte (31): Mototaxista. Cuando manifestaba resultó herido por el paso de proyectil disparado por arma de fuego.

5 de mayo

Hecder Vladimir Lugo Pérez (20): Practicaba natación, era bachiller y se encontraba pruebas de admisión para ingresar al sistema educativo universitario. Recibió un disparo.

Miguel Joseph Medina Romero (20): el joven recibió un disparo en el abdomen.

4 de mayo

Ana Pérez (2 meses de nacida): Ana Pérez era una bebé de dos meses de nacida que resultó asfixiada por gases lacrimógenos.

3 de mayo

Gerardo José Barrera Alonso (38): Funcionario policial del municipio San Joaquín del estado Carabobo. Muerte por disparo de arma de fuego.

Armando Cañizales Carrillo (18): Violinista. Formaba parte del Sistema Nacional de Orquesta Sinfónica de Venezuela, iniciaría estudios en la Facultad de Medicina de la Universidad Central de Venezuela. Cuando participaba en una manifestación recibió un disparo en el cuello.

2 de mayo

María de los Ángeles Guanipa (38): chocó y se produjo un volcamiento por barricada.

Ana Victoria Colmenares de Hernández (43): Comerciante. Chocó y se produjo un volcamiento por barricada.

Ángel Enrique Moreira González (28): Atleta destacado en aguas abiertas. Participó en los Juegos Bolivarianos de Playa. Cuando conducía por la autopista Prados del Este, un vehículo automotor que intentó evadir una manifestación, a la altura del distribuidor Santa Fe, lo arroyó causándole la muerte.

Yonathan Eduardo Quintero Arenas (21): Trabajaba como ayudante de mecánica. Muerte por disparo de arma de fuego.

Carlos Eduardo Aranguren Salcedo (30): murió luego de ser herido de dos impactos de bala, pasaba por una manifestación.

JUNIO

30 de junio

Fernando Rojas (20): fue el segundo manifestante que perdió la vida el viernes 30 de junio en los mismos sucesos ocurridos en Barquisimeto.

Rubén Morillo (28): asesinado en la urbanización El Obelisco, en Barquisimeto, durante los violentos y confusos hechos registrados la noche de ese día en la capital larense, donde hubo protestas ciudadanas y presencia de grupos irregulares y de fuerzas de seguridad del Estado.

Eduardo Márquez (20): falleció luego de estar 17 días internado en el Instituto Autónomo de la Universidad de Los Andes (Iaula), por un impacto de bala en el estómago que recibió en medio de la represión a una protesta en Mérida.

29 de junio

Alfredo José Figuera (19): falleció cuando recibió un disparo en la cabeza, durante unas manifestaciones.

28 de junio

Luis Paz (20): resultó muerto luego de ser arrollado.

Roberto Durán (25): *m*urió durante una protesta, al recibir una herida en el pecho.

Víctor Betancourt (18): falleció luego de ser arrollado en una manifestación.

Isael Macadán (18): *recibió* dos impactos de bala mientras manifestaba.

27 de junio

Luis Alberto Montiel Herrera (22): murió en una situación irregular que se suscitó en el sector La Tubería de Maracaibo, estado Zulia.

Jhonatan José Zavatti Serrano (25): resultó herido en la cabeza con arma de fuego, donde se desarrollaba una manifestación.

Ronny Alberto Parra Araujo (27): Sargento de la Guardia Nacional Bolivariana, recibió un disparo en una situación irregular registrada en estado Aragua.

23 de junio

Luis Alfredo Villegas Mendoza (35): la muerte se produce por disparo de arma de fuego.

22 de junio

David José Vallenilla Luis (22): manifestaba cuando recibió un disparo de perdigón en el pecho

19 de junio

Fabián Alfonso Urbina Barrios (17): se encontraba en las manifestaciones de Altamira cuando recibió un disparo en el pecho.

16 de junio

Nelson Arévalo (22): sobre la muerte del joven se manejan dos versiones. Inicialmente se dijo que fue un disparo de bala durante una manifestación en Barquisimeto, estado Lara. Posteriormente el ministro del Interior y Justicia, Néstor Reverol informó que la muerte habría sido por la explosión de un artificio pirotécnico. Fiscalía abrió una averiguación.

15 de junio

Iván Bastidas (28): arrollado durante manifestación.

José Gregorio Pérez Pérez (20): estudiante del quinto semestre de Educación Física. Participaba en una protesta antigubernamental cuando recibió disparos de arma de fuego.

Luis Enrique Vera Sulbarán (20): estudiante de contaduría pública y de arquitectura. Resultó arrollado durante una protesta.

14 de junio

Luis Alberto Machado Valdez. Motorizado. Murió en un choque, cuando intentaban esquivar una barricada.

José Amador Lorenzo González. Motorizado que según la fiscalía murió en un choque, cuando intentaban esquivar una barricada.

13 de junio

Douglas Acevedo Sánchez (45); Supervisor Jefe de la Policía del estado Mérida, recibió un impacto de bala durante una manifestación.

12 de junio

Sócrates Jesús Salgado (50); Murió por paro respiratorio causado supuestamente por los efectos de los gases lacrimógenos.

Neomar Alejandro Armas Lander (17): Fue herido en el pecho durante manifestaciones. Presuntamente al ser impactado por una bomba lacrimógena

6 de junio

Edward José Paredes (25): Fue herido de bala en el tórax, en las cercanías de una protesta.

4 de junio

Orlando Figuera (22): Murió por un paro cardiopulmonar, luego que fuese incendiado durante una protesta.

3 de junio

Yoiner Peña Hernández (28): Falleció luego de recibir un impacto de bala por la espalda cuando protestaba.

2 de junio

Luis Gutiérrez Molina (20): Falleció luego de recibir un impacto de bala cuando protestaba.

1 de junio

María Estefanía Rodríguez (46): Murió como consecuencia de un impacto de bala, cuando caminaba cerca de una protesta.

Nelson Moncada Gómez (37): Asesinado, le dispararon.

JULIO

30 de julio

Daniela de Jesús Salomón Manchado (15): Recibió un impacto de bala.

Ender Rafael Peña Sepúlveda (19): Murió durante una represión.

Juan Gómez (32): Fue asesinado durante las protestas.

Luis Beltrán Zambrano Lucena (43): murió por disparo de arma de fuego.

Julio Manrique (22): El joven habría fallecido tras recibir un impacto de bala mientras protestaba en Ureña, Táchira.

Albert Rosales (55): recibió un impacto de bala en la cabeza.

Adrián Romero (13): le propinaron un impacto de bala.

Ronald Ramírez: El militar recibió un disparo de arma mientras enfrentaba una manifestación.

Wilmer Smith Flores (21): El joven recibió un tiro.

Andrés (apellido por identificar (19): recibió un disparo de arma de fuego.

Luis Ortiz (17): Recibió un impacto de bala en el tórax.

Ángelo Yordano Méndez Sánchez (28): La víctima habría sido asesinada mientras protestaban contra la Constituyente.

Eduardo Olave (39): recibió un disparo de arma de fuego mientras protestaba.

Ricardo Campos: El secretario juvenil de Acción Democrática murió tras recibir un disparo en la cabeza mientras se encontraba manifestando.

29 de julio:

Marcel Pereira: Murió de un disparo.

Iraldo Gutiérrez: Recibió dos impactos de bala en una manifestación.

28 de julio:

Gustavo Villamizar (18): El joven fue asesinado al recibir un disparo en una manifestación.

Eduardo Rodríguez Gil (53): Murió luego de resultar herido con un disparo.

27 de julio:

Rafael Canache (29): Falleció presuntamente al recibir un impacto de bala en el pecho.

José Miguel Pestano: Fue asesinado durante una protesta al recibir un disparo en el Tórax.

Leonardo González (48): Gerente de Kromi Market, quien falleció en una protesta por arma de fuego.

Gilimber Terán (16): por arma de fuego.

26 de julio:

Enderson Caldera (24): Herido por arma de fuego.

Jean Carlos Aponte (16): Cayó en una manifestación por arma de fuego.

Rafael Antonio Vergara (30): murió por disparo de perdigones a quemarropa.

20 de julio:

Menor no identificado: Durante una protesta que se realizaba en Maracaibo (Zulia), el adolescente de 15 años recibió un disparo en la zona intercostal.

Víctor Márquez (34): No participaba en las protestas, era comerciante, al salir de su puesto de trabajo se encontró con un enfrentamiento entre manifestantes y la

GNB, trató de esconderse en la sede del ministerio de Vivienda y Hábitat en Maracaibo. Accidentalmente se quemó con una pared debido a un incendio y cayó al vacío.

Juan Moleiro (76): Murió por infarto a causa de asfixia ocasionada por gases de una bomba lacrimógena que penetró a su domicilio.

Euri Hurtado: Falleció tras ser herido de bala en una protesta.

Andrés Uzcátegui: Fue impactado por una bomba lacrimógena en el pecho durante manifestaciones.

Rodney Tejera (24): Falleció después de recibir un impacto de bala durante una manifestación.

18 de julio:

Héctor Anuel: quemado.

16 de julio:

Xiomara Soledad Scott (61): por una disparo de arma de fuego en una consulta popular.

11 de julio

Yanet Angulo (56): Fue asesinada durante una manifestación, recibió un disparo en la cabeza.

Oswaldo Rafael Britt (17): perdió la vida en Ciudad Bolívar, uego de ser arrollado por un camión cuando se encontraba protestando.

10 de julio

Rubén Darío González (16): murió tras ser herido por un disparo cuando participaba en una manifestación.

5 de julio

Jhonathan Alexander Jiménez Vaamonde (29): Recibió varios impactos producidos por el paso de proyectiles disparados por arma de fuego cuando se encontraba donde se llevaba a cabo una manifestación.

4 de julio

Engelberth Alexander Duque Chacón (25): falleció por impacto de bomba lacrimógena en el pecho.

AGOSTO

7 de agosto

Eduardo Orozco (19): murió por disparo de arma de fuego.

6 de agosto

Willmerys Ocarina Zerpa (20): Fue asesinada durante un ataque armado a un grupo de personas.

Ramón Rivas (52): Murió tras recibir un disparo en el pecho durante una manifestación.

4 agosto

Luis Guillermo Espinoza (15): Murió cuando recibió un impacto de bala.

3 de agosto

Jhony Colmenares (25) Murió víctima de una brutal golpiza.

CONSECUENCIAS DE LAS PROTESTAS

Tras producirse la desmovilización por el impacto de las persecuciones, de la convocatoria a las elecciones para la Asamblea Nacional Constituyente hubo consecuencias tangibles como: allanamientos, encarcelamiento, inhabilitación y exilio forzoso de los líderes opositores, asimismo sucedieron movimientos nacionales e internacionales significativos, por primera vez de manera más formal el mundo miraba a Venezuela, así:

- Crisis diplomática con Brasil, Canadá, España y Perú

- Convocatoria de activación de la Carta Democrática Interamericana de la OEA

- Bloqueo de la señal de transmisión de medios de noticias y arresto y destierro de corresponsales internacionales.

- Gobierno de Estados Unidos impone sanciones a funcionarios del gobierno venezolano por violaciones a los derechos humanos.

- Gobierno de Canadá impone sanciones a funcionarios venezolanos.

- Unión Europea impone embargo de armas y sanciones individuales a funcionarios venezolanos.

- Apertura de diálogos de convivencia con mediación de Unasur y la Santa Sede con resultados inefectivos ante el incremento de la conflictividad política.

- Prórroga de la desmonetización parcial del cono monetario nacional.

- El gobierno venezolano retira a su delegación del Consejo Permanente de la OEA.

- Gobierno en Consejo de Ministros activa iniciativa para convocar una Asamblea Nacional Constituyente

- Aplicación de la Cláusula Democrática del Mercosur para suspender la membresía de Venezuela.

- Gobierno de Estados Unidos aplica sanciones económicas a los bonos internacionales venezolanos.

- Declaración y conformación del Grupo de Lima para dar seguimiento a lo que ocurre en el país.

- Confrontaciones civiles, ataques contra instituciones públicas y levantamientos armados.

- Operativos policiales y militares contra grupos insurgentes.

Las protestas de abril 2017 cambiaron la historia de Venezuela: los caídos no fueron en vano, son héroes que lograron con su lucha, sanciones internacionales, investigaciones preliminares ante la Corte Penal Internacional, y el reconocimiento de que en Venezuela hay dictadura.

¿Y AHORA QUÉ?

Tras la desmovilización de la calle, la Mesa de la Unidad Democrática (MUD) quedó fracturada y sin rumbo ante las presidenciales convocadas para mayo de 2018.

Según Amnistía Internacional, el ambiente civil de Venezuela se ha ido disminuyendo dramáticamente en los últimos años. Dadas las restricciones a la libertad de expresión, de prensa y el derecho natural a las reuniones pacíficas, todo ello complicado con los niveles prácticamente intolerables de inseguridad. Cada vez más es prácticamente imposible para las organizaciones sortear los obstáculos que se experimentan a diario para lograr en alguna medida la misión o la razón para las que han sido creadas.

El país está sumido en un caos, y letargo con una suerte de espiral destructiva. Muchos se han visto en la obligación de abandonar el país por temor fundados en verdades de ser apresados, los defensores de derechos humanos están por largo tiempo exiliados o en la clandestinidad o bien fuera del país. El hostigamiento, las amenazas no cesan y se han extendido a distintos niveles. Aunado todo ello a la crisis económica sin precedentes tiene bajo una asfixia colectiva a todos los venezolanos.

La documentación realizada por Amnistía Internacional, sigue expresando las condiciones para la creación de la tormenta perfecta para el caos absoluto: detenciones arbitrarias como medio para silenciar y reprimir la disidencia, el uso de la tortura y otros malos tratos, juicios en tribunales militares y detenciones sin orden judicial. Las condiciones en las que están recluidas las personas detenidas, son deplorables, sin acceso a alimentos y a atención médica, la limitación igualmente a la luz natural, el hacinamiento y las restricciones injustificadas de las visitas de familiares y abogados. Sigue sin respetarse en muchos casos, el reiterado incumplimiento de las órdenes de libertad dictadas por los tribunales.

La salida masiva de personas de Venezuela, se ha convertido en un problema para toda la región de la América y del resto del mundo, la cantidad de personas es inimaginable por estos otros países, sin iniciales planificaciones al respecto, unido a la enorme preocupación desde el punto de vista de las condiciones internas que causan este éxodo, pero también desde la perspectiva de las condiciones de vulnerabilidad en las que se encuentran estas personas fuera del país.

Las violaciones de derechos humanos en Venezuela están a la orden del día, es excesiva para muchas personas y para muchos países. Urge que Venezuela y el mundo entero se unan en una sola voz, para liberar a Venezuela y retorne la democracia a este amado país.

BIBLIOGRAFÍA

Amnistía Internacional, Venezuela: <u>Los rostros de la impunidad: A un año de las protestas, las víctimas aún esperan justicia</u>(Índice: AMR 53/1239/2015).

https://foropenal.com/2017/05/08/reporte-sobre-la-represion-del-estado-venezolano-abril-de-2017/

http://www.observatoriodeconflictos.org.ve/oc/wp-content/uploads/2017/08/Balance-protestas-4-mesesabril-julio-2017-RESUMEN.pdf.

<u>http://internacional.elpais.com/internacional/2017/06/28/america/1498601188 429829.html 4</u>

<u>https://www.ohchr.org/Documents/Countries/VE/HCReportVenezuela 1April-31July2017 SP.pdf</u>

<u>http://www.el-nacional.com/noticias/protestas/the-new-york-times-cruz-verde-linea-las-protestas 193059</u>

«Julio César Arreaza: La primavera venezolana». *www.lapatilla.com*. Consultado el 29 de agosto de 2017. (http://www.analitica.com/opinion/la-primavera-venezolana-y-la-constituyente/)

<u>https://es.wikipedia.org/wiki/Protestas en Venezuela de 2017</u>

«Los cuatro escenarios políticos en Venezuela; por Michael Penfold «Prodavinci». *prodavinci.com*. Consultado el 29 de agosto de 2017.

guerra: inflación de 2016 en Venezuela fue del 550%», artículo publicado en el periódico opositor *El Nacional* (Caracas) (http://www.el-nacional.com/noticias/economia/guerra-inflacion-2016-venezuela-fue-550_82485)

«2016 cerrará con 28 479 muertes violentas», artículo publicado en el sitio web *El Nacional* (Caracas). (http://www.el-nacional.com/noticias/sucesos/2016-cerrara-con-28479-muertes-violentas_73008)

http://www.el-nacional.com/noticias/oposicion/mud-anuncio-para-este-viernes-gran-toma-caracas_194719

Amnistía Internacional, Venezuela: Informe para el Comité contra la Tortura de las Naciones Unidas, 53 periodo de sesiones, noviembre de 2014 (Índice: AMR53/020/2014).

https://es.wikipedia.org/wiki/Protestas_en_Venezuela_de_2014

guerra: inflación de 2016 en Venezuela fue del 550%», artículo publicado en el periódico opositor *El Nacional* (Caracas) (http://www.el-nacional.com/noticias/economia/guerra-inflacion-2016-venezuela-fue-550_82485)

«2016 cerrará con 28 479 muertes violentas», artículo publicado en el sitio web *El Nacional* (Caracas). (http://www.el-nacional.com/noticias/sucesos/2016-cerrara-con-28479-muertes-violentas_73008)

https://es.wikipedia.org/wiki/Protestas_en_Venezuela_de_2014

https://www.observatoriodeconflictos.org.ve/quienes-somos